누리 과정에서 쏙쏙

신체운동·건강 신체활동 즐기기 – 신체를 인식하고 움직인다.
사회관계 나를 알고 존중하기 – 나를 알고 소중히 여긴다.

초등 과정에서 쏙쏙

통합 나2 1.나의 몸–내 몸이 무럭무럭, 내 몸을 살펴요, 내가 자랐어요
도덕 3 소중한 나–나를 소중히 하는 태도를 길러 보아요
과학 5-2 1.우리 몸

감수 및 추천 이명근 박사(미국 존스홉킨스 대학교 교수 역임, 현재 연세대학교 보건대학원 교수)

세계 곳곳의 재난지에 뛰어들어 어린이들은 물론 도움이 필요한 사람들을 구조하며 봉사의 삶을 사는 분입니다. 알아야 더 잘할 수 있다는 믿음으로 연세대학교 보건대학원에 '국제 재난 대응 전문가 과정'을 개설하여 많은 재난 구조 전문가를 양성하고 있습니다. 국제 NGO인 '머시코'(Mercy Corp.)와 UNDP(유엔경제개발계획)에서 활동하기도 했습니다. 지금은 재난 구호의 필요성을 알리고, 아시아와 아프리카의 개발을 위해 '코이카'(KOICA, 한국국제협력단)와 국제 개발 기관인 '글로벌 투게더' 등과 함께 봉사에 앞장서고 있습니다.

글 에스더

단국대학교에서 일어일문학을 공부하였으며 영국 런던 대학에서 언어학과 영어학을 공부하였습니다.
울버햄프턴 왕립 학교와 런던 그랜브룩 초등학교에서 보조 교사로 근무하기도 했습니다. 현재는 스마일 북스 편집부 팀장으로 근무하면서 〈애플 세계 명작〉, 〈큰바위얼굴〉, 〈똑똑똑 마음씨〉 등의 전집 시리즈를 기획·편집하였습니다.
아직 부족한 점이 많지만, 어린이들에게 꿈과 희망을 주는 많은 책을 만들어 하느님께 영광을 돌리고 싶어 합니다.

그림 이주희

대학에서 애니메이션을 공부했고, 현재 일러스트레이터로 활동하고 있습니다.
그린 책으로는 여러 권의 교재와 〈봄·여름·가을·겨울, 다 좋아〉 등이 있습니다.

인체 | 성장
24. 어른이 된다고요?

글 에스더 | 그림 이주희
펴낸곳 스마일 북스 | **펴낸이** 이행순 | **제작 상무** 장종남
대표 조주연 | **주소** 서울특별시 종로구 사직로8길 20, 103호
출판등록 제2013 – 000070호   **홈페이지** www.smilebooks.co.kr
전화번호 1588 – 3201   **팩스** (02)747 – 3108
기획·편집 조주연 김민정 김인숙 | **디자인** 김수정 정수하
사진 제공 및 대여 셔터스톡 연합뉴스 프리픽

이 책의 모든 글과 그림 등의 저작권은 스마일 북스에 있습니다.
본사의 허락 없이 이 책에 실린 내용의 일부 또는 전체를 어떤 형태로든지
변조하거나 무단 복제하는 것은 법으로 금지되어 있습니다.

⚠ 책을 집어던지면 다칠 수 있으니 조심하십시오. 잘못 만들어진 책은 바꾸어 드립니다.

어른이 된다고요?

글 에스더 | 그림 이주희

스마일
Smile Books

진우가 아빠랑 목욕을 해요.
"아빠는 옛날부터 몸에 털이 있었어요?"
"아니, 아빠도 꼬마일 때는 너랑 똑같았어.
너도 어른이 되면 아빠처럼 털이 나지."

나도 나중에 아빠처럼 된다고요?

진우는 잠자리에 누워 곰곰이 생각했어요.
'커서 아빠처럼 된다고?
내 몸에 털이 나는 건 싫은데…….
난 어른이 되고 싶지 않아!'
그러다가 진우는 쿨쿨 잠이 들었어요.

그런데 이상한 일이 벌어졌어요.
엄마 배 속에 있던 동생이
불쑥 세상 밖으로 나온 거예요.

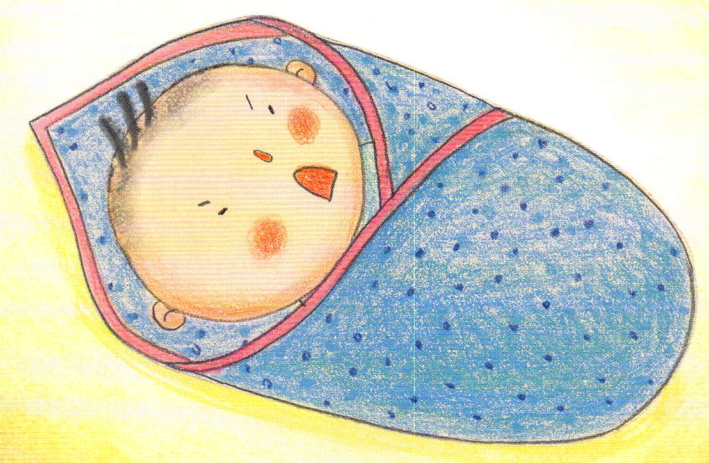

갓 태어난 남동생은
엄마 젖을 먹으면서 잠만 잤어요.

그러던 어느 날,
남동생은 꿈틀꿈틀
몸을 뒤집더니,

흔들흔들 앉더니,

어느덧 동생은 쑥쑥 자라서
초등학교에 들어갔어요.
이때부터 진우는 뭔가 이상하다는
생각이 들었어요.

진우는 아직 *젖니가 그대로 있는데,
동생은 젖니가 빠지고 튼튼한 *영구치가 나왔어요.

젖니 태어난 지 6개월 정도 되었을 때 나오는 이예요.
영구치 젖니가 빠진 자리에 새로 나오는 이와 뒤어금니를 통틀어 말해요.

난 왜 영구치가 안 나오지?

아빠만큼 키가 커진 동생은
책장 맨 위에 있는 책도 척척 집었어요.

엄마의 무거운 장바구니도
들어 드렸지요.

동생만이 아니었어요.
함께 유치원을 다녔던 수진이도 달라졌어요.

수진아, 우리 소꿉놀이하자!

진우는 슬펐어요.
모두 어른이 되었는데,
진우만 여섯 살 꼬마였으니까요.

진우는 이제야 깨달았어요.
'맞아, 아이가 어른이 되는 건 이상한 게 아니야.
그런데 왜 나는 어른이 되기 싫다고 생각했을까?'

아빠는 수염 난 얼굴을
진우의 얼굴에 마구 비벼 대셨어요.
진우는 까칠한 아빠의 수염이 싫지 않았답니다.

무럭무럭 자라는 우리 몸

우리는 한살 한살 나이를 먹을수록 몸이 조금씩 자라요. 그러다가 13~15세가 되면 몸에 큰 변화가 생겨요. 점점 어른이 되어 간다는 뜻이지요. 이런 것을 **성장**이라고 한답니다.

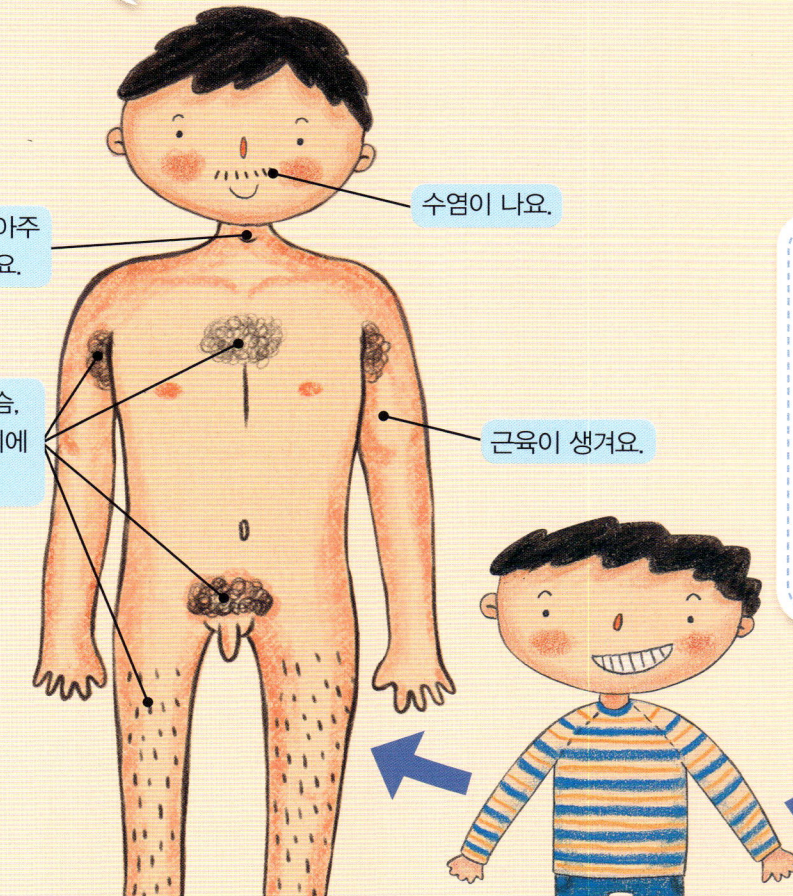

나는 남자예요
- 목소리가 아주 굵게 변해요.
- 수염이 나요.
- 겨드랑이와 가슴, 다리, 다리 사이에 털이 나요.
- 근육이 생겨요.

아기
아기는 하루 종일 누워서 먹고, 자요. 하지만 6~7개월이 지나면 혼자 힘으로 앉기도 하고, 방바닥을 기어 다닐 수도 있어요. 1년이 되면 혼자서 걷지요.

13세가 넘으면 갑자기 키도 많이 크고, 힘도 세져요.

우리 몸에 일어나는 모든 변화는 어른이 되어 가는 준비를 하는 거예요.

나는 여자예요

어린이

6~7세가 되면, 혼자서 여러 가지 일을 할 수 있어요. 키가 자라면서 점점 더 많은 일을 할 수 있지요. 친구들과 노는 것도 좋아하지요.

겨드랑이와 다리 사이에 털이 나요.

젖가슴이 커져요.

한 달에 한 번씩 월경을 해요. 아기를 가질 수 있는 몸이 돼요.

성장에 대한 요런조런 호기심!

젖니와 영구치는 어떻게 다른가요?

아기가 태어난 지 약 6개월이 되면 이가 나기 시작해. 이런 이를 '젖니'라고 부른단다. 그러다 초등학생이 되면 하나둘 젖니가 빠지고 평생 써야 하는 이, 즉 '영구치'가 나기 시작하지. 영구치는 젖니보다 훨씬 튼튼해. 하지만 영구치는 한 번 썩어서 빼내면 다시 나지 않으니까 칫솔로 구석구석 깨끗하게 닦아야 한단다.

젖니를 깨끗이 잘 닦아야 튼튼한 영구치가 나와요.

키가 쑥쑥, 천장까지 닿으면 어떡해요?

몸속의 다리뼈, 팔뼈, 엉덩뼈, 손가락뼈의 양쪽 끝에는 '성장판'이 있어. 이 성장판이 점점 자라면서 키도 쑥쑥 자라는 거야. 그러다 너무 많이 자라서 천장까지 닿는 거 아니냐고? 걱정하지 않아도 된단다. 보통 남자는 20세, 여자는 10대 후반이면 성장판이 닫혀서 키가 더 이상 자라지 않는단다.

남자는 여자보다 보통 몸집이 큰 편이며, 힘이 세요.

운동도 하지 않았는데, 왜 가끔 다리가 아픈가요?

낮에 심하게 운동을 하지도 않았는데 밤에 잘 때 팔다리가 아플 때가 있어. 그걸 '성장통'이라고 한단다. 성장통이 생기는 건 몸속에 있는 뼈가 너무 빨리 쑥쑥 자라고 있기 때문이란다. 그래서 다리나 팔이 아픈 거야. 보통 다리 부분에서 성장통이 자주 느껴지지. 그 이유는 키가 클 때 가장 많이 자라는 부분이 다리뼈이기 때문이란다.

키가 클 때 다리 부분에 성장통을 자주 느껴요.

우유를 마시면 키가 크나요?

우유에는 우리 몸에 필요한 좋은 영양소가 많이 들어 있어. 그래서 우유를 마시면 뼈가 튼튼해지고, 살이 단단해지면서 몸이 건강해진단다. 흰 우유를 안 먹고 바나나 우유, 초콜릿 우유만 마시겠다고? 이런 우유에는 설탕이 많이 들어 있어서 이가 상할 수 있어. 그래서 흰 우유를 마시는 것이 가장 좋단다.

우유를 마시면 키가 크고, 몸도 건강해져요.

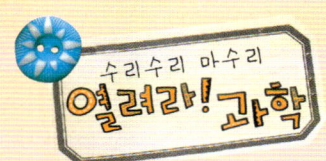

쑥쑥 키 크기 대작전!

키가 크려면 음식도 골고루 먹고, 운동도 열심히 해야 해요.

바른 자세로 앉아 공부해요.

채소도 잘 먹어야 해요.

매일 규칙적인 **운동**을 해요.

잠자는 시간을 정해요. 일찍 자고, 일찍 일어나요.

소중한 나의 몸을 그려요

준비물 커다란 종이, 유성 매직, 털실, 도장, 스티커 등

커다란 종이 위에 아이를 눕히고, 아이 몸의 윤곽을 그려요. (아이 몸과 똑같은 크기로 그리는 게 중요해요.)

털실을 붙여 머리카락을 만들어요.

유성 매직으로 눈, 코, 입, 귀 등을 그려요.

도장, 스티커, 크레파스 등을 이용해서 옷, 신발 등을 예쁘게 꾸며요.

 **엄마, 아빠에게**

3~6개월에 한 번 정도 '나의 몸을 그리는 활동'을 반복해 주세요. 그러고 나서 어느 신체 부위가 얼마나 컸는지 아이와 함께 대화를 나눠 보세요.